KB192835

E-CLIP ⑪

감성적 창의 주도성 향상 프로그램

사회성을 배우자

SQ I

SQ I

E-CLIP ⑪

감성적 창의 주도성 향상 프로그램

사회성을 배우자

_{sq 1}

초판 1쇄 인쇄 2022년 8월 8일
초판 1쇄 발행 2022년 8월 8일

지은이 송인섭
펴낸이 김선식

경영총괄 김은영
책임편집 박슬기   **디자인** 차다운   **책임마케터** 이석원
연구개발팀장 김재민   **연구개발팀** 박슬기, 차다운, 장민지, 조아리
콘텐트리팀 김길한, 임인선, 이석원, 윤기현
저작권팀 한승빈, 김재원, 이슬
재무관리팀 하미선, 윤이경, 김재경, 오지영, 안혜선
인사총무팀 김혜진, 황호준
제작관리팀 박상민, 최완규, 이지우, 김소영, 김진경, 양지환
물류관리팀 김형기, 김선진, 한유현, 민주홍, 전태환, 전태연, 양문현, 최창우

펴낸곳 다산북스   **출판등록** 2005년 12월 23일 제313-2005-00277호
주소 경기도 파주시 회동길 490
전화 02-704-1724   **팩스** 02-703-2219   **이메일** dasanbooks@dasanbooks.com
홈페이지 www.dasanbooks.com   **블로그** blog.naver.com/dasan_books
다산전인교육캠퍼스 www.dasaneducation.co.kr
종이 IPP   **인쇄** 민언프린텍   **제본** 국일문화사

ISBN 979-11-306-9118-3 (64370)
　　　979-11-306-9107-7 (세트)

감성적 창의 주도성 향상 프로그램

E-CLIP ⑪

SQ I

사회성을 배우자

송인섭 지음

AI 시대 자기주도학습 세계적 권위자 송인섭 교수의 20년 연구 완결판!

다산스마트에듀

1. 송인섭 교수

세계적인 자기주도학습법 권위자인 송인섭 교수는 숙명여대에서 35년 간 교수로 재직했으며, 현재 동 대학교 명예교수이자 다산전인교육캠퍼스 원장을 맡고 있습니다. 또한 한국교육심리연구회 회장, 한국교육평가학회 회장, 한국영재연구원 원장과 AERA(American Educational Research Association)에서 발행하는 학술지의 논문심사위원을 역임했으며, 70여 권의 교육 저서를 집필했습니다.

송인섭 교수는 주입식 교육이 일반적이었던 한국 교육에 자기주도학습이라는 개념을 최초로 도입해 확산하였으며, EBS〈교육실험 프로젝트 - 스스로 공부하는 아이 만들기〉, 〈공부의 왕도〉, 〈교육 마당〉 등에 출연하여 자기주도학습의 효과를 입증하였습니다. 그리고 이 내용을 담은 《공부는 전략이다》는 부모 및 교육 관계자들에게 수십만 부 이상 판매되며, 교육계에 새로운 패러다임을 가져왔습니다. 이후로도 20여 년간 《공부는 실천이다》, 《와일드》, 《혼공의 힘》 등 교육 분야의 도서를 출간하고 자기주도학습 강연을 하며 한국 교육을 이끌고 있습니다.

또한 송인섭 교수는 다양한 학습 프로젝트를 수행하며 수십만 명이 넘는 학생과 학부모, 교사를 만나 자기주도적 공부 전략을 소개하고 상담했습니다. 이 과정에서 많은 아이가 공부에 실패를 겪고 상처 받는다는 공통점을 발견하였습니다. 아이들은 자신에게 맞는 공부법만 찾으면 충분히 극복할 수 있는 문제임에도 해결 방법을 몰라 고민하고 있었습니다. 이들을 위해 송인섭 교수는 수십만 건의 실제 학습 문제 상황을 수집하고 연구하였습니다. 그 결과 자기주도학습을 바탕으로 각자의 상황에 맞춰 공부하는 힘을 기르는 새로운 학습 프로그램인 《E-CLIP》을 개발하였고, 이 프로그램을 여러 심리 센터에 적용해 높은 성과를 얻고 있습니다.

'**E-CLIP**(Emotional Creative Leadership Improvement Program)'은 실제 교육 현장에서 총 8,950명의 학습자를 대상으로 20년 동안 관찰과 실험, 상담을 통해 얻은 빅데이터로 개발한 '감성적 창의 주도성 향상 프로그램'입니다. 프로그램 연구와 개발에는 자기주도학습법 권위자 송인섭 교수와 다수의 교육심리학 전문 연구진이 참여했습니다.

2. 심리 검사 및 교재 연구

전문 연구 위원(가나다순)

- 김수란 우석대 교수
- 김희정 대구대 교수
- 성소연 호서대 교수
- 이희연 한국교육개발원 책임
- 정유선 아주대 교수
- 최지혜 을지대 교수

- 김누리 목포해양대 교수
- 남궁정 숙명여대 교수
- 안혜진 수원여대 교수
- 정숙희 숙명여대 교수
- 최보라 숙명여대 교수
- 한윤영 숭실대 교수

- 김은영 루터대 교수
- 박소연 숙명여대 교수
- 육진경 루터대 교수
- 정미경 한경대 교수
- 최영미 한경대 교수

3. 심리 검사 및 교재 개발

개발 총괄

- 김영아 다산전인교육캠퍼스 부원장

개발 위원

- 이상섭 건양대학교병원 의학과
- 최이선 닥터맘심리연구소 소장

E-CLIP

Emotional Creative Leadership Improvement Program

감성적 창의 주도성 향상 프로그램

4차 산업혁명 시대에 사회가 바라는 인재상과 역량은 기존과는 전혀 다릅니다. 현존하는 많은 직업이 인공지능(AI)으로 대체되고, 새로운 직업군이 만들어지는 등 직업의 개념이 바뀔 것입니다. 우리는 이런 변화에 대처하기 위해서는 자신만의 특성을 찾고 고유한 능력을 개발해야 합니다. 4차 산업혁명 시대를 대비해 '나는 누구인가?', '나는 어떤 능력을 준비해야 하는가?'에 대한 고민이 필요하며, 그 물음에 대한 해답이 바로 'E-CLIP'입니다.

'E-CLIP'은 자기주도학습의 최고 권위자 송인섭 교수와 수십 명의 연구진이 20년 동안 개발한 '자생력 기반 자기주도학습 프로그램'으로 학습자 고유의 감성적 창의성을 계발하여 스스로 자신이 처한 환경 전반을 이끌어 갈 수 있는 인재를 기르는 교육입니다. E-CLIP의 바탕을 이루는 '자생력(감성적 창의성)'은 하늘에서 뚝 떨어진 새로운 개념도 천재적인 번뜩임 같은 특출한 능력도 아닙니다. 누구나 교육으로 익힐 수 있는 능력입니다. '자생력(감성적 창의성)'은 공부의 기틀을 다지는 힘이며 이것은 기계와 차별화되는 인간만의 본성인 감성에 일상의 다양한 문제와 활동을 새롭게 배열하고 통합하고 연결하는 창의성을 더한 개념입니다. 즉, 인공지능에는 없는 인간다움, 인간만이 할 수 있는 능력인 생각하는 능력, 상상력, 문화, 예술, 철학, 역사의식, 신념과 꿈을 실현하려는 확고한 의지 등이 바로 '자생력(감성적 창의성)'입니다.

E-CLIP 학습자가 된다는 것은 첫째, 학습의 주도권이 외부 환경으로부터 학습자에게 옮겨오는 것을 뜻합니다. 학업 성취 수준과 관계없이 스스로 학습하는 습관을 형성하고 위기를 극복하는 내적인 힘을 키우는 것입니다. 이 내적인 힘은 학습자가 경험하는 다른 상황에도 전이되어 학습자의 내면적 성장을 돕습니다. 둘째, 학습 성향 진단을 통해 문제점을 보완하고 자신에게 맞는 방향을 찾아 잠재 능력을 개발할 수 있습니다. 셋째, 학습자들은 학습 행동을 주도하는 과정을 통해 학습 몰입 경험을 하게 되며 자기 생각을 표현하고 다른 사람과 소통할 수 있는 능력을 기르게 됩니다. 이렇듯 자생력을 기반으로 하는 E-CLIP은 자신의 목표와 가치를 온전히 펼칠 수 있는 최선의 방법이며 전인적 자아실현을 통해 행복한 삶의 길을 열어 줄 것입니다.

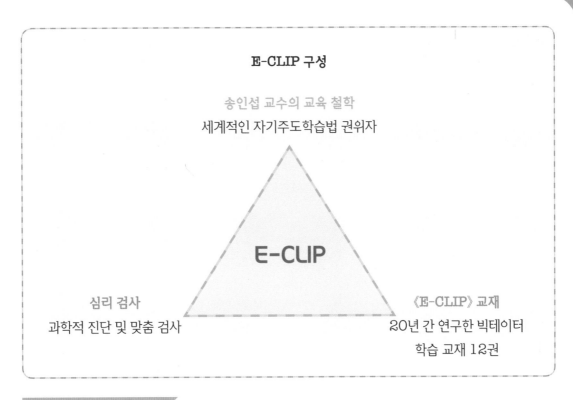

E-CLIP 구성

송인섭 교수의 교육 철학
세계적인 자기주도학습법 권위자

E-CLIP

심리 검사
과학적 진단 및 맞춤 검사

《E-CLIP》교재
20년 간 연구한 빅테이터
학습 교재 12권

송인섭 교수의 교육 철학

세계적인 자기주도학습법 권위자

송인섭 교수는 지나친 사교육으로 교육의 본질에 대한 심각한 문제가 대두되던 시기에 자기주도학습을 통해 한국 교육에 변화를 불러일으켰습니다. 그 후 수십 명의 전문 연구진과 교육심리학 이론을 배경으로 학습자들을 개별 관찰, 상담하며 학습자가 공부를 하는 이유와 배경이 무엇인지 찾는 과정에서 자생력이라는 개념을 새롭게 정의했습니다.

송인섭 교수의 교육 철학이 그대로 담긴 자생력은 인간만의 고유한 능력인 감성에 창의성을 겸비한 것으로, 심리학에서 가져온 개념입니다. 자생력의 뿌리가 되는 구성인자는 통찰력 있는 창의성, 통찰력 있는 융합, 통찰력 있는 리더십입니다. 통찰은 개개인의 능력이나 환경에 좌우되지 않고 경험의 축적과 노력 여하에 따라 향상될 수 있는 지극히 감성적인 요소입니다. 통찰 위에 창의적인 생각이 움트고, 정보와 지식을 연결하는 융합적 사고와 사회적 리더십을 발휘할 때 비로소 자생력이 완성됩니다.

이를 바탕으로 개발된 'E-CLIP'은 세계적인 자기주도학습법 권위자 송인섭 교수의 20년 연구 결정체입니다. 자생력을 과학적으로 측정하기 위한 심리 검사와 자생력을 증진하고 계발하기 위한 《E-CLIP》교재의 상호작용을 통해 학습자의 '공부하는 힘'을 향상시키고 있습니다.

과학적 진단 및 맞춤 검사

심리 검사는 학습자가 가지고 있는 '감성적 창의 주도성' 수준을 과학적으로 진단해서 현재 강점과 약점을 확인하는 도구입니다. 학습자의 특성을 정확하게 진단하고 이를 토대로 교육 프로그램을 이수하는 데 목적이 있습니다. 학습자는 심리 검사의 개인 맞춤형 성향 분석 및 결과를 바탕으로, 교육심리 전문가와의 1 대 1 상담을 통해 학습 문제를 이해하고 학습 방향을 설계할 수 있습니다.

검사는 종합적 자생력 검사 1종과 동기, 인지, 몰입, 자아존중감 등 개별 검사 5종으로 구성되어 있습니다. 동기 검사는 《E-CLIP》 1권, 인지 검사는 《E-CLIP》 2권과 3권, 동기 심화 검사는 《E-CLIP》 4권, 몰입 검사는 《E-CLIP》 5권, 자아존중감 검사는 《E-CLIP》 6권과 연결되어 있습니다. 그리고 종합적 자생력 검사는 《E-CLIP》 1~12권에 나오는 모든 특성을 점검할 수 있는 검사로, 《E-CLIP》 시작 전과 후에 각각 검사하면 학습자의 '감성적 창의 주도성' 변화를 알아볼 수 있습니다.

심리 검사 방법

심리 검사는 간편하고 빠르게 개인별 수준을 점검할 수 있는 'Short-Form 무료 검사'와 표준화된 검사 시스템인 'Long-Form 심층 검사'로 나뉩니다. 각 검사의 이용 방법은 아래와 같습니다.

Short-Form 무료 검사

다산전인교육캠퍼스 홈페이지(www.dasaneducation.co.kr)에서 PDF 다운로드를 통해 무료로 검사할 수 있습니다. 즉각적인 진단을 통해 바로 《E-CLIP》 학습을 원하는 경우에 추천합니다.

PDF 다운로드

www.dasaneducation.co.kr 접속 〉 심리 검사 〉 Short-Form 무료 검사

Long-Form 심층 검사

다산전인교육캠퍼스 홈페이지(www.dasaneducation.co.kr)에서 오프라인 심층 검사를 신청할 수 있습니다. 전문적인 검사로 학습자의 특성을 깊이 있게 파악하고, 전문가의 상담을 원하는 경우에 추천합니다.

신청 및 이용 방법

www.dasaneducation.co.kr 접속 〉 심리 검사 〉 Long-Form 심층 검사

《E-CLIP》 교재

20년 간 연구한 빅테이터 학습 교재 12권

《E-CLIP》은 송인섭 교수가 전문 연구진들과 8,950명의 학습자를 대상으로 20년 간 연구한 결과물에 학습 만화 《who?》의 위인 이야기를 더해서, 쉽고 재미있게 감성적 창의 주도성을 높이는 학습서입니다. 본 교재는 1~12권으로 나누어져 있으며, 심리 검사 결과를 바탕으로 학습자 수준에 맞춰 권 별 집중 학습 및 개별 수업을 진행할 수 있습니다.

《E-CLIP》의 주제

권	주제	학습 목표	프로그램		
			학습 동기 향상 프로그램	학습 목표 향상 프로그램	진로 설계 향상 프로그램
1	동기	능동적 학습의 시작	1단계 집중 학습		
2	인지	자생적 인지 학습			
3	인지 심화	인지 능력 향상		2단계 집중 학습	
4	동기 심화	동기 향상 및 유지			
5	몰입	깊은 학습 몰입			
6	자아존중감	내면적 성숙			
7	창의성	창의성 계발			3단계 집중 학습
8	창의성 심화	창의성 학습 확장			
9	감성	감성 계발			
10	감성 심화	정서 발달 촉진			
11	사회성	사회성 계발			
12	사회성 심화	사회성 증진			

1. 도입

세계 위인과 함께 떠나는 탐험 미션입니다.
미션 속 5가지 활동을 키워드로 살펴봅니다.

활동 키워드로 미션 시작하기

2. 이야기

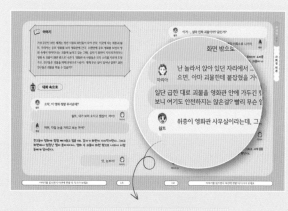

위인들의 이야기를 살펴보며 재미
를 느끼고 상상력을 펼칩니다

이야기로 미션 살펴보기

1. 전문적이다! 송인섭 교수의 '공부의 힘을 기르는 20년 연구 완결판'
2. 체계적이다! '개인별 진단 심리 검사'와 '맞춤형 학습 교재'로 만나는 진짜 솔루션
3. 재미있다! '학습 만화 《who?》의 위인'과 함께 떠나는 미션 대탐험

3. 활동

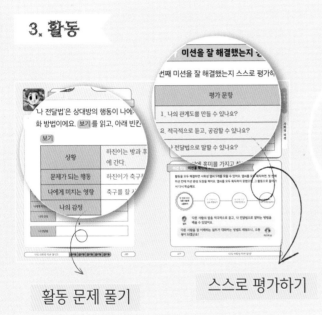

위인과 함께 활동 문제를 풀고, 미션 결과를 스스로 평가합니다.

활동 문제 풀기

스스로 평가하기

4. 적용

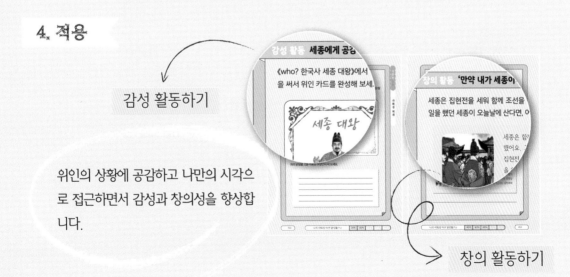

감성 활동하기

위인의 상황에 공감하고 나만의 시각으로 접근하면서 감성과 창의성을 향상합니다.

창의 활동하기

차례

세계 위인과 함께 해결하는

자생력 UP

사회성
미션

등장인물

마스터 송

생애 : 미스터리

국적 : 한국

직업 : 아이들이 미션을 해결하는 데
도움을 주는 안내자

세종 대왕

생애 : 1397~1450년

국적 : 한국

직업 : 지도자

주요 업적 : 훈민정음 창제, 집현전 설치, 국방 강화

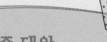 위인 이야기

세종은 태종의 세 번째 아들로, 어려서부터 책을 읽으며 학문을
익히는 것을 좋아했어요. 세자였던 큰형이 폐위당한 뒤 세자의
자리에 오른 세종은 조선의 제4대 왕이 되었지요. 이후 책에서
익힌 다양한 지식을 바탕으로 백성들이 느끼는 갈등을 해결하고
도와주며 새로운 조선을 만들고자 애썼어요.

월트 디즈니

생애 : 1901~1966년

국적 : 미국

직업 : 만화 영화 감독, 사업가

주요 업적 : 디즈니 만화 영화를 만듦, 디즈니랜드를 만듦.

📖 위인 이야기

월트는 어릴 때부터 동물의 이름을 짓고 그림을 그려 주며, 동물과 친구처럼 지냈어요. 그 그림들은 월트가 만들어 낸 수많은 동물 캐릭터들의 바탕이 되었지요. 풍부한 감성 위에 창의성을 더한 월트는 지금까지 아이들뿐만 아니라 어른들에게도 꿈과 희망을 주고 있어요.

마리아 몬테소리

생애 : 1870~1952년

국적 : 이탈리아

직업 : 교육자, 의사

주요 업적 : 몬테소리 교육법 창시자, 이탈리아 최초의 여의사

📖 위인 이야기

어려서부터 세상에 꼭 필요한 사람이 되고 싶었던 마리아는 이탈리아 최초의 여성 의사가 되었어요. 그리고 어린 환자들을 돌보며 어린이가 교육으로 바뀔 수 있다는 것을 알았지요. 그래서 마리아는 어린이를 위한 집과 어린이를 위한 교육법을 만들었어요.

첫 번째 미션 다른 사람과 소통하기

마스터 송

월트 디즈니는 어른들은 동심으로 돌아가고, 아이들은 꿈을 가지길 바랐어요. 그래서 애니메이션, 놀이 공원 등을 만들어 사람들과 정서적 소통을 했어요. 월트와 함께 소통하는 방법을 떠올리면서 미션을 해결해 보세요.

오늘의
활동 키워드

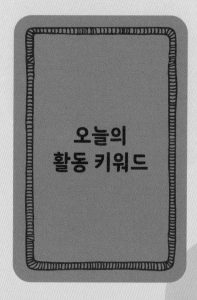

활동 01

나의 관계도

활동 02

적극적 듣기

학습 목표

1. 다른 사람의 말을 적극적으로 듣고 이해할 수 있다.
2. 하고 싶은 말을 나 전달법으로 말할 수 있다.

활동 03

언어로 공감하기

활동 04

행동으로 공감하기

활동 05

나 전달법

이야기

가상 공간인 위인 세계는 청년 시절의 위인들이 모여 산다. 이곳에 사는 세종과 월트, 마리아는 공포 영화를 보러 영화관에 간다. 오랜만에 공포 영화를 보면서 영화 속에서 뛰어다니는 괴물에 놀라고 있는 그때, 갑자기 화면이 지지직거리더니 영화 속 괴물이 화면 밖으로 나온다. 영화관 속 사람들은 모두 소리를 지르며 도망가고, 친구들은 괴물을 피해 문밖으로 나온다. 대체 무슨 일이 일어난 걸까? 과연 친구들은 괴물을 막을 수 있을까?

 ## 대화 속으로

 월트
으악, 이 영화 정말 무서운데?

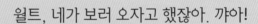 월트, 네가 보러 오자고 했잖아. 꺄아!
 마리아

 세종
허허, 다들 눈을 가리고 보는 거야?

친구들이 영화에 점점 빠져들고 있을 때, 갑자기 화면이 지지직거린다. 그리고 화면에서 엄청난 빛이 쏟아지더니, 영화 속 괴물이 화면 밖으로 나와서 사람들에게 달려든다.

앗, 눈부셔!
 마리아

월트

이거…, 설마 진짜 괴물이야? 꿈인가?

마리아! 월트! 머뭇거릴 시간이 없어. 빨리 이쪽으로 나가자.

세종

세종은 친구들을 이끌고 괴물을 피해 밖으로 도망친다. 사람들도 뒤따라 소리를 지르며 뛰쳐나온다. 세종은 사람들이 모두 나오자 영화관 문을 닫고, 괴물이 나오지 못하게 문을 막는다. 이를 본 다른 사람들도 힘을 합친다.

월트

후유, 이게 무슨 일이야?

화면 밖으로 괴물이 나오다니, 정말 깜짝 놀랐어!

세종

마리아

난 놀라서 앉아 있던 자리에서 그대로 몸이 굳어버렸어. 세종이 아니었으면, 아마 괴물한테 붙잡혔을 거야.

일단 급한 대로 괴물을 영화관 안에 가두긴 했지만, 문을 쿵쿵 차는 걸 보니 여기도 안전하지는 않은걸? 빨리 무슨 일인지 알아봐야겠어!

세종

월트

위층이 영화관 사무실이라는데, 그곳에 가면 뭔가 알 수 있지 않을까?

그래. 위로 올라가 보자.

마리아

친구들은 사람들에게 문을 맡기고, 영화관 사무실로 올라간다. 그리고 사무실을 살펴보다가 안쪽에서 어떤 기계를 누르고 있는 마스터 송을 만난다.

마스터 송

안녕하세요, 친구들.

이야기를 읽으면서 미션에 한발 더 다가가 보세요.

앗! 무슨 일이든 해결해 주시고 미션을 안내해 주시는 마스터 송! 반가워요.
월트

마리아
마스터 송! 저희 좀 도와주세요.

음, 괴물이 영화 화면 밖으로 나온 일 때문이죠?
마스터 송

세종
맞아요. 혹시 뭔가 알고 계시나요?

네. 원래 오늘 상영할 영화는 다른 영화였습니다. 그런데 갑자기 이 영화가 재생되었고, 괴물이 화면 밖으로 나온 거예요.
마스터 송

모두
말도 안 돼!

그래서 영화를 멈추려고 이곳으로 왔어요. 그런데 기계의 화면에 미션이 걸려 있군요.
마스터 송

월트
미션이요?

네, 친구들이 여기에서 미션을 해결해 줄 수 있을까요?
마스터 송

마리아
저희가요?

네, 저는 영화관 상황을 살펴봐야 합니다. 괴물이 더 이상 화면 밖으로 나오지 않게 여러분이 미션을 해결해 주세요.
마스터 송

세종
네! 저희가 꼭 도울게요.

우리가 할 수 있을까?
마리아

세종
우리가 아니면, 마스터 송을 도와서 이 상황을 해결할 사람은 없어. 우리가 괴물을 막아 보자!

그래!
월트

마리아
알겠어.

마스터 송, 저희가 해결해야 할 미션은 무엇인가요?
세종

마스터 송
친구들이 해결할 미션은 다른 사람의 말을 적극적으로 듣고 이해하면서 대화하는 미션입니다.

오, 이건 내가 잘해!
월트

마리아
맞아, 월트가 다른 사람의 마음을 잘 이해하지!

좋아! 그럼 우리 같이 미션을 해결해 보자.
세종

친구들은 마스터 송의 안내에 따라 미션을 확인한다. 그리고 마스터 송은 영화관에 가둬 둔 괴물을 살피러 내려가면서 친구들에게 무전기를 준다.

마스터 송
미션을 잘 해결해 보세요. 저는 미션을 해결하면 만날 수 있습니다. 궁금하거나 어려운 일이 있으면, 이 무전기로 마스터 송을 부르세요.

이야기를 읽으면서 미션에 한발 더 다가가 보세요.

월트의 주변 인물을 떠올리며 나의 관계도를 만들자

친구, 가족, 선생님 등 나와 관련이 있는 사람들을 떠올려 보고, 나의 관계도에 써 보세요.

나의 관계도

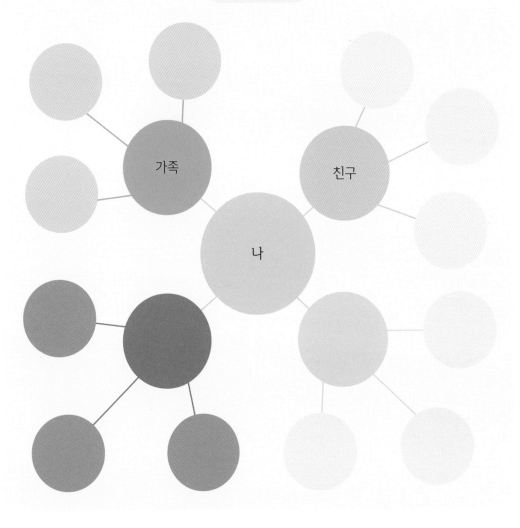

나의 관계도에 있는 사람 중 1명을 골라서, 나와 어떤 사이인지 자세히 이야기해 보세요.

활동 02

월트와 함께 다른 사람의 말을 적극적으로 듣자

대화를 잘하려면, 다른 사람의 말을 적극적으로 들어야 해요. '적극적 듣기'는 상대방이 하는 말의 내용과 감정에 귀 기울이며, 자신이 듣고 이해한 내용을 말하는 것이에요. 적극적 듣기 단계를 따라 빈칸에 들어갈 말을 써 보세요.

예)

상대방의 말		아빠, 학교에서 친구들과 어울리는 게 힘들어요.
적극적 듣기	1. 흉내 내기	친구들과 어울리는 게 힘들구나.
	2. 들은 내용 재구성하기	학교에서 친구들과 잘 지내는 데 어려움이 있나 보네.
	3. 감정 나타내기	너는 친구들과 노는 것이 곤란하고 괴롭구나.
	4. 내용 재구성 및 감정 나타내기	학교에서 친구들과 잘 지내는 게 어려워서 정말 괴롭겠네.

상대방의 말		내일 영어 말하기 대회가 있는데, 준비를 다 하지 못해서 걱정이야.
적극적 듣기	1. 흉내 내기	
	2. 들은 내용 재구성하기	
	3. 감정 나타내기	
	4. 내용 재구성 및 감정 나타내기	

나의 사회성 미션 달성도

대화를 잘하려면, 공감적으로 이해해야 해요. '공감적 이해하기'는 비록 자신에게 일어난 일이 아닐지라도 상대방의 감정을 같은 마음으로 이해하는 것이에요. 빈칸에 공감적으로 이해하는 말을 써 보세요.

상대방의 말	공감적 이해하기
이번에는 정말 열심히 공부했는데, 성적이 또 좋지 않아.	열심히 공부했는데, 성적이 만족스럽지 않아서 실망했구나.

상대방의 말	공감적 이해하기
우리 엄마와는 도무지 말이 통하지 않아. 내 말을 절대로 믿지 않으신다고.	

상대방의 말	공감적 이해하기
내가 왜 그런 어리석은 행동을 했을까?	

상대방의 말	공감적 이해하기
우리 아빠는 내가 동생이랑 싸우면, 매번 나만 야단치셔.	

활동 04

월트의 표정을 보며 다른 사람의 상황에 공감해 보자

대화할 때는 말뿐만 아니라 표정, 목소리, 몸짓으로도 공감할 수 있어요. 아래 사진을 보고, 사진 속 친구가 어떤 감정인지 써 보세요.

거울을 보면서 보기 의 감정을 표정으로 나타내 보세요.

보기

기쁘다, 슬프다, 즐겁다, 놀랍다, 두렵다, 행복하다, 무섭다, 화나다

월트와 함께 나 전달법으로 말해 보자

'나 전달법'은 상대방의 행동이 나에게 어떤 생각이나 느낌을 주는지 솔직히 표현하는 대화 방법이에요. 보기 를 읽고, 아래 빈칸에 나의 생각과 느낌을 써 보세요.

보기

상황	하진이는 방과 후에 같이 축구를 하기로 해 놓고, 자꾸 말 없이 집에 간다.
문제가 되는 행동	하진이가 축구를 하기로 했는데, 2번이나 말 없이 집에 갔다.
나에게 미치는 영향	축구를 할 사람을 급하게 찾아야 했다.
나의 감정	힘들다, 서운하다, 아쉽다, 짜증 난다

⬇

나 전달법	하진아, 같이 축구를 하기로 해 놓고, 네가 말 없이 가 버리는 바람에 같이 축구할 사람을 급하게 찾느라 힘들었어.

상황	몸이 아파서 학원에 가기 싫다는 내 말에 엄마께서 꾀병이라고 혼내셨다.
문제가 되는 행동	
나에게 미치는 영향	
나의 감정	

⬇

나 전달법	

미션 평가 미션을 잘 해결했는지 평가해 보자

첫 번째 미션을 잘 해결했는지 스스로 평가해 보세요.

평가 문항	매우 아니다	아니다	그저 그렇다	그렇다	매우 그렇다
1. 나의 관계도를 만들 수 있나요?					
2. 적극적으로 듣고, 공감할 수 있나요?					
3. 나 전달법으로 말할 수 있나요?					
4. 첫 번째 미션에 흥미를 가지고 참여했나요?					
5. 첫 번째 미션에 최선을 다하여 참여했나요?					

미션 완성 미션을 확인해 보자

활동을 모두 해결하면 사회성 열쇠 5개를 모을 수 있어요. 열쇠를 모두 획득하면, 첫 번째 미션 칸에 미션 완성 도장을 찍어요. 열쇠를 모두 획득하지 못했으면, 그 활동으로 돌아가서 다시 학습해요.

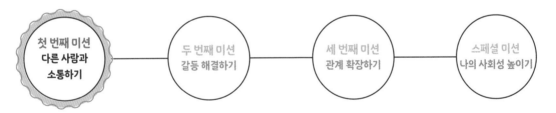

첫 번째 미션
다른 사람과
소통하기

두 번째 미션
갈등 해결하기

세 번째 미션
관계 확장하기

스페셜 미션
나의 사회성 높이기

월트

다른 사람의 말을 적극적으로 듣고, 나 전달법으로 말하는 방법을 배울 수 있었어요.

다른 사람을 잘 이해하는 월트가 대화하는 방법도 배웠으니, 소통 왕이 되겠군요!

마스터 송

두 번째 미션 갈등 해결하기

마스터 송

마리아 몬테소리는 약자를 사랑하고 다른 사람을 배려했던 위인이에요. 마리아와 함께 갈등을 줄여 보겠다는 마음가짐으로 미션을 해결해 보세요.

오늘의
활동 키워드

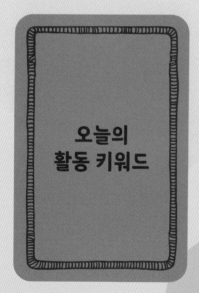

활동 01

다른 사람이 보는 나

활동 02

나를 닮은 동물

학습 목표
1. 내가 생각하는 나와 다른 사람이 생각하는 나를 설명할 수 있다.
2. 갈등이 왜 생기는지 알고 해결할 수 있다.

활동 03

갈등을 일으키는 행동

활동 04

갈등을 없애는 방법

활동 05

갈등 해결하기

 **이야기**

세종과 월트, 마리아는 공포 영화 속의 괴물이 화면 밖으로 나오는 것을 목격한다. 그리고 더 이상 괴물이 나오지 않게 영화를 종료하려면 미션을 해결해야 한다는 것을 알게 된다. 친구들은 바깥 상황을 살피러 나가야 하는 마스터 송을 대신해서 첫 번째 미션을 해결한다. 과연 친구들은 미션을 모두 완수해서 괴물을 막아낼 수 있을까? 그리고 다음 미션은 무엇일까?

 대화 속으로

세종
역시 월트가 사람들의 마음을 잘 아는구나.

맞아, 월트가 없었다면 다른 사람에게 공감하는 게 쉽지 않았겠어.
마리아

월트
하하, 이렇게 칭찬을 해 주니까 더 열심히 해야겠는걸?

그런데 미션 하나만 해결해서 끝나는 상황이 아닌가 봐. 달라진 게 없잖아.
마리아

월트
그러게. 우리 무전기로 마스터 송께 여쭤보자.

응! 바깥 상황이 어떤지도 여쭤봐야겠어.
세종

친구들은 무전기에 있는 버튼을 누르고 마스터 송을 찾는다.

모두 · 마스터 송!

마스터 송 · 오, 친구들. 미션을 잘 해결했나요?

마리아 · 네! 방금 미션을 마쳤어요.

하지만 달라진 게 없어요. 여기에서 영화관이 보이는데, 여전히 영화는 나오고 있어요.

월트

마스터 송 · 그렇군요. 이쪽 상황도 좋지 않습니다. 괴물이 나오려고 문을 계속 쿵쿵 치고 있어요.

그럼 이제 어떡하죠?

세종

마스터 송 · 확인해 보니 미션을 해결하면 영화가 종료되는 건 맞아요. 아직 미션이 남은 게 분명해요. 영화 화면을 잘 살펴보세요. 정말 달라진 게 없나요?

미션 화면과 영화가 나오는 화면을 번갈아 가면서 보던 월트가 소리친다.

앗! 얘들아, 저기를 봐.

월트

마리아 · 어디?

괴물이 튀어나왔던 영화 화면이 어둡게 변했어.

월트

· 이야기를 읽으면서 미션에 한발 더 다가가 보세요.

세종 정말이네! 아까는 눈이 부셔서 화면을 쳐다보지 못했는데, 지금은 어두워서 잘 보여.

역시!
마스터 송

마리아 미션을 해결할수록 영화 화면이 점점 어두워지나 봐.

그렇게 미션을 모두 해결하면 영화 화면이 꺼지면서 괴물도 사라지게 할 수 있겠어!
세종

마리아 좋아. 우리 영화를 종료할 때까지 어떤 미션이든 해 보는 거야!

다들 멋지다! 나도 열심히 해 볼게.
월트

세종 마스터 송, 다음 미션은 뭔가요?

다음 미션은… 으악, 안 돼!
마스터 송

모두 마스터 송!

갑자기 무전기가 끊기고, 친구들은 마스터 송을 걱정하면서 무전기의 연결 버튼을 다시 누른다.

후유, 무전이 잠시 끊겼네요.
마스터 송

세종 마스터 송, 괜찮으세요?

대체 무슨 일이 일어나고 있는 거예요?

마리아

마스터 송

영화관 안에 남은 사람이 없는지 살펴보다가 괴물을 나오게 할 뻔했어요. 다시 문을 막고 있지만, 여러분의 도움이 필요합니다.

네! 저희가 빨리 미션을 해결할게요.

월트

마스터 송

다음 미션은 갈등을 해결하는 일입니다. 다른 사람의 의견에 귀 기울이고 갈등을 잘 해결해야 해요.

어? 이거 마리아가 잘할 것 같은데요?

세종

마리아

그래. 월트랑 세종이랑 싸울 때마다 내가 말리곤 하잖아.

나 참, 우리가 언제 싸웠다고 그래~.

월트

세종

허허, 마리아가 잘하는 미션이니까 마리아를 도와서 함께 미션을 해결해 보자!

좋아!

마리아

월트

그래.

마스터 송

미션을 잘 해결해 보세요. 저는 미션을 해결하면 만날 수 있습니다. 궁금하거나 어려운 일이 있으면, 이 무전기로 마스터 송을 부르세요.

이야기를 읽으면서 미션에 한발 더 다가가 보세요.

마리아와 함께 다른 사람이 보는 나를 알아보자

나는 어떤 사람인지 생각해 보고, 왼쪽 빈칸에 써 보세요. 그리고 다른 사람에게 나를 어떻게 생각하는지 물어보고, 그 내용을 오른쪽 빈칸에 써 보세요.

내가 생각하는 나	다른 사람이 생각하는 나

'내가 생각하는 나'와 '다른 사람이 생각하는 나'의 공통점과 차이점은 무엇인지 써 보세요.

공통점

차이점

활동 02

마리아와 함께 나를 닮은 동물을 그려 보자

앞에서 알아본 '나'에 관한 내용을 바탕으로, 내가 어떤 동물을 닮았는지 그려 보세요.

다른 사람에게 내가 어떤 동물을 닮았는지 물어보고, 그 내용을 빈칸에 써 보세요.

나를 닮은 동물	
이유	

나를 닮은 동물	
이유	

마리아의 갈등을 떠올리며 갈등의 원인을 알아보자

갈등은 서로의 생각이 다르거나, 나의 마음속에서 여러 가지 생각이 부딪힐 때 나타나요.
갈등을 일으키는 6가지 행동을 살펴보고, 내가 자주 하는 행동에 모두 색칠해 보세요.

상대방이 말할 때 딴청 피우기	상대방의 말에 무슨 일인지 꼬치꼬치 캐묻기	대화할 때 무표정 짓기
상대방을 다른 사람과 비교하는 말하기	상대방의 행동 비난하기	상대방이 말할 때 끼어들기

위에서 색칠한 행동을 했던 나의 모습을 구체적으로 써 보세요.

예) 친구가 중요한 이야기를 하는데, 듣지 않고 스마트폰만 보았다.

_____

_____

_____

_____

_____

_____

활동 04

마리아가 겪은 갈등을 떠올리며 갈등의 원인을 찾자

갈등을 줄이거나 없애는 방법에는 적극적으로 듣는 '귀', 정확하고 솔직하게 말하는 '입', 상대방을 존중하고 공감하는 '마음'이 필요해요. 아래에서 대화를 잘못하고 있는 친구를 골라 보세요.

> 하은 : 얘들아, 어제 먹은 아이스크림 맛있었지?
> 민아 : 응! 우리 오늘도 아이스크림 먹으러 갈까?
> 해민 : ······.
> 하은 : 해민아, 내 말 듣고 있어?
> 해민 : 아니, 못 들었는데 무슨 이야기 중이었어?
> 민아 : 아이스크림 먹으러 가자고!
> 해민 : 음···.
> 민아 : 싫으면 다른 거 먹으러 갈까?
> 해민 : 아니, 싫은 건 아니야.

하은	민아	해민

위의 친구를 고른 이유를 이야기해 보세요.

마리아와 함께 갈등을 해결해 보자

보기 를 읽고, 아래 질문에 나의 생각을 써 보세요.

보기

> 민아는 오늘 학교에 지각했다. 그래서 1교시가 끝나고 선생님과 따로 이야기를 나누었다. 선생님께 꾸중을 들었는지 민아의 표정이 좋지 않았다. 나는 민아가 걱정돼서 "오늘 왜 늦은 거야? 선생님이 뭐라고 하셨어?"라고 물어보았다. 그러자 민아는 버럭 화를 내며, "내가 혼나서 기분이 좋니? 여기 있는 책이나 좀 치워."라고 말했다.

1. 무슨 일이 일어났나요?

_____

_____

2. 나의 기분은 어떨까요?

_____

_____

3. 민아의 기분은 어떨까요?

_____

_____

4. 내가 민아라면, 어떤 말을 듣고 싶을까요?

_____

_____

미션 평가 미션을 잘 해결했는지 평가해 보자

두 번째 미션을 잘 해결했는지 스스로 평가해 보세요.

평가 문항	매우 아니다	아니다	그저 그렇다	그렇다	매우 그렇다
1. 나에 관해 이야기할 수 있나요?					
2. 갈등을 일으키는 행동을 설명할 수 있나요?					
3. 갈등 상황에서 갈등을 해결하는 말을 할 수 있나요?					
4. 두 번째 미션에 흥미를 가지고 참여했나요?					
5. 두 번째 미션에 최선을 다하여 참여했나요?					

미션 완성 미션을 확인해 보자

활동을 모두 해결하면 사회성 열쇠 5개를 모을 수 있어요. 열쇠를 모두 획득하면, 두 번째 미션 칸에 미션 완성 도장을 찍어요. 열쇠를 모두 획득하지 못했으면, 그 활동으로 돌아가서 다시 학습해요.

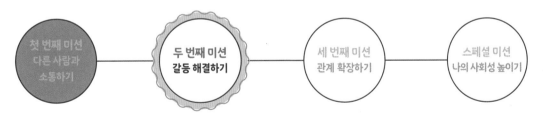

첫 번째 미션 다른 사람과 소통하기 — 두 번째 미션 갈등 해결하기 — 세 번째 미션 관계 확장하기 — 스페셜 미션 나의 사회성 높이기

마리아

미션을 해결하다 보니, 앞으로 친구들과 갈등이 생겨도 쉽게 해결할 수 있겠어요.

두 번째 미션을 아주 잘 완료했군요. 자신을 잘 알고, 갈등도 잘 해결한 마리아의 활약이 빛났습니다.

마스터 송

세 번째 미션 관계 확장하기

마스터 송

세종 대왕은 한글과 측우기 등을 만들어 백성들이 겪는 문제를 해결해 주었어요. 세종과 함께 여러 관계에서 생기는 갈등을 해결하면서 미션을 풀어 보세요.

오늘의
활동 키워드

활동 01

갈등 해결 방법

활동 02

역할극 대본 쓰기

학습 목표

1. 역할극을 통해 갈등을 해결하는 연습을 할 수 있다.
2. 관계에서 생기는 문제를 해결할 수 있다.

활동 03

역할극하기

활동 04

나의 미래 관계도

활동 05

관계 속 문제 해결하기

이야기

친구들이 함께 영화를 보고 있을 때, 영화 속 괴물이 화면 밖으로 나온다. 사람들을 쫓아다니는 괴물을 막으려면, 미션을 해결해서 영화를 종료해야 한다. 그래서 친구들은 적극적으로 듣고 이해하고 대화하는 첫 번째 미션과 갈등을 해결하는 두 번째 미션을 모두 완수한다. 그리고 이제 세 번째 미션에 맞닥뜨리는데…. 과연 친구들은 영화를 종료하는 데 성공해서 괴물을 막을 수 있을까? 그리고 다음 미션은 무엇일까?

대화 속으로

월트

미션을 풀다 보니, 내 행동이 다른 친구의 기분을 상하게 할 수도 있다는 걸 깨달았어.

맞아, 나도 조심해야겠어.
마리아

월트

또, 다른 사람들이 나를 어떻게 보는지도 생각해 볼 수 있었어.

미션을 해결하니, 주변을 돌아보고 나를 알아볼 수 있네!
세종

마리아

맞아. 그런데 그거 알아? 우리 벌써 미션을 2개나 해결했어!

미션을 또 해결했으니 이제 괴물을 막을 수 있을까?
세종

월트 영화 화면을 살펴봤는데, 아직 조금밖에 어두워지지 않았어. 우리가 해결해야 할 미션이 더 남았나 봐.

흠, 그래? 미션을 몇 개나 더 해결해야 하는 걸까? **마리아**

세종 마스터 송께 무전기로 여쭤보자!

좋아. **월트**

친구들은 무전기의 연결 버튼을 누르고, 무전을 받은 마스터 송과 이야기를 나눈다.

마스터 송 오, 친구들. 미션은 잘 해결했나요?

네! 두 번째 미션까지 해결했어요. **세종**

마스터 송 잘하고 있군요. 조금만 더 힘내 주세요.

마스터 송은 계속 그곳에 계셔야 하나요? 저희와 함께 미션을 해결하시면 좋을 텐데요. **월트**

마스터 송 아직 괴물이 문을 흔들고 있습니다. 게다가 영화 속에 남아 있던 괴물들이 더 나온다면 이제 문을 막을 수 없을 거예요.

네? **마리아**

세종 괴물이 또 나타난다고요?

이야기를 읽으면서 미션에 한발 더 다가가 보세요.

으악, 정말 무서워요. 너무 떨려서 아무것도 못 하겠어요.

월트

세종
월트, 진정해.

우리가 미션을 빨리 해결하면, 괴물이 더 나타나기 전에 막을 수 있을 거야!

마리아

월트
알았어.

그런데 마스터 송, 앞으로 미션을 얼마나 더 해결해야 영화를 종료하고 괴물에게서 벗어날 수 있을까요?

마리아

마스터 송
미션은 총 4개입니다. 일반 미션 3개와 스페셜 미션 1개가 있어요.

그럼 저희가 4개의 미션 중 2개를 해결한 건가요?

세종

마스터 송
맞아요. 앞으로 일반 미션 1개와 스페셜 미션 1개만 더 해결하면 괴물을 막을 수 있습니다.

후유.

월트

마리아
얼마 안 남았네요.

그런데 스페셜 미션이 뭔가요?

세종

마스터 송
스페셜 미션은 일반 미션 3개를 모두 끝낸 친구들에게만 알려 주는 미션입니다. 다음 미션을 잘 해결하면 알려 줄게요.

좋아요! 그럼 다음 미션을 알려 주세요.
마리아

 세 번째 미션은 갈등 해결 방법을 이해하고, 여러 관계 속에서 생기는
마스터 송 문제를 해결하는 것입니다.

문제를 잘 해결하는 사람은 세종이잖아!
월트

 맞아, 세종이는 해결사야.
마리아

하하, 그래. 이번 미션은 내가 앞장서서 해결해 볼게.
세종

 응, 우리 모두 파이팅!
월트

좋아!
마리아

 미션을 잘 해결해 보세요. 저는 미션을 해결하면 만날 수 있습니다. 궁
마스터 송 금하거나 어려운 일이 있으면, 이 무전기로 마스터 송을 부르세요.

이야기를 읽으면서 미션에 한발 더 다가가 보세요.

슬기로운 세종처럼 갈등 해결 방법을 알아보자

갈등을 해결하는 방법은 자신의 목표 달성 의지와 상대방과의 협력에 따라 5가지 유형으로 나눌 수 있어요. 아래의 갈등 해결 유형을 살펴보고, 보기 에서 '지훈이의 형'은 어떤 유형인지 이야기해 보세요.

자신의 목표 달성 의지

경쟁형
(자신의 생각을 강하게 주장해서 목표를 달성하려고 함.)

협력형
(자신과 상대방의 목표를 모두 중요하게 여기고, 시간이 걸리더라도 모두 만족할 수 있는 결과를 찾으려 함.)

타협형
(자신의 목표와 상대방과의 관계 사이에서 조금씩 양보하여 적절한 합의점을 찾아 빠르게 해결하려 함.)

회피형
(갈등 상황을 해결하려 하지 않고, 피하거나 저절로 해결되기를 바람.)

호의형
(상대방과의 관계를 더 중요하게 생각해서, 상대방의 주장과 요구를 그대로 받아들임.)

상대방과의 협력

보기

지훈이는 엄마, 아빠, 형과 함께 여행을 가기로 하고 어디로 갈지 정하는 가족 회의를 열었어요. 형은 가까운 가평에 가자고 했지만, 지훈이는 멀어도 제주도에 가고 싶다고 했어요. 그러자 형은 공평하게 가평과 제주도의 중간 거리에 있는 지역으로 여행을 가자고 했지요.

세종과 함께 역할극 대본을 써 보자

아래 글은 역할을 나누어 그 입장이 되어 보는 역할극 대본이에요. 대본을 잘 읽고, 갈등이 해결되도록 이어질 말을 써 보세요.

보라 : 지희야, 나 수학책 좀 빌려 줄 수 있어?

지희 : 여기! 잘 쓰고 빨리 돌려줘.

보라 : 알겠어. 고마워.

(다음 날)

지희 : 보라야, 내 수학책은 언제 돌려줄 거니?

보라 : 아, 그게… 실수로 책에 물을 쏟았어.

지희 : 뭐라고?

보라 : 어제부터 책을 말리고 있는데, 아직 책이 쭈글쭈글해서….

지희 : 너 남의 물건을 너무 함부로 쓰는 거 아니야?

보라 : 별일도 아닌데, 화를 내고 그러니?

지희 : _____

보라 : _____

지희 : _____

보라 : _____

지희 : _____

앞의 대본을 이용해서 역할극을 해 보고, 질문에 대한 나의 생각을 써 보세요.

1. 보라와 지희 사이에 어떤 갈등이 생겼나요?

_____

_____

2. 보라와 지희는 갈등 상황을 어떻게 해결했나요?

_____

_____

내가 쓴 역할극 대본에 '적극적 듣기, 공감적 이해하기, 나 전달법'이 있는지 생각해 보세요. 있으면 어떤 부분인지 써 보고, 없으면 잘 드러나도록 대본을 다시 써 보세요.

_____

_____

_____

_____

_____

_____

_____

세종과 함께 나의 미래 관계도를 그려 보자

지금부터 20년이 지난 후의 나의 모습을 상상해 보세요. 나는 어떤 사람들과 잘 지내고 있을지 '나의 미래 관계도'에 써 보세요.

나의 미래 관계도

지금 나와 다른 사람 사이의 관계가 20년 후에는 어떻게 달라질지 이야기해 보세요.

세종과 함께 관계 속에서 일어나는 문제를 해결하자

친구나 부모님, 선생님 등 다른 사람과의 관계에서 내가 겪고 있는 문제를 떠올려 보고, 아래 빈칸에 나의 생각을 써 보세요.

내가 겪고 있는 문제	
관련 있는 사람	
해결하지 못하는 이유	

위에 쓴 문제를 20년 후의 나는 해결할 수 있을까요? 해결 방법을 써 보고, 이를 바탕으로 내가 바라는 다른 사람과의 관계를 써 보세요.

해결 방법	
내가 바라는 관계	

미션 평가 미션을 잘 해결했는지 평가해 보자

세 번째 미션을 잘 해결했는지 스스로 평가해 보세요.

평가 문항	매우 아니다	아니다	그저 그렇다	그렇다	매우 그렇다
1. 갈등 해결 유형을 설명할 수 있나요?					
2. 갈등을 해결하는 역할극을 할 수 있나요?					
3. 관계 속에서 겪는 문제를 해결할 수 있나요?					
4. 세 번째 미션에 흥미를 가지고 참여했나요?					
5. 세 번째 미션에 최선을 다하여 참여했나요?					

미션 완성 미션을 확인해 보자

활동을 모두 해결하면 사회성 열쇠 5개를 모을 수 있어요. 열쇠를 모두 획득하면, 세 번째 미션 칸에 미션 완성 도장을 찍어요. 열쇠를 모두 획득하지 못했으면, 그 활동으로 돌아가서 다시 학습해요.

친구들과 함께 역할극을 해 보니 어려운 갈등 상황도 잘 해결할 수 있었어요.
세종

서로 협동하며 사회성을 발휘하는 모습이 세종의 인상적이었어요.
마스터 송

스페셜 미션 | 나의 사회성 높이기

마스터 송

3가지 미션을 모두 해결하다니 대단해요. 앞의 미션을 해결한 친구에게 주는 마지막 스페셜 미션은 위인을 알아보고 나를 탐구하는 것이에요. 세종 대왕의 사회성을 떠올리며, 나의 자생력을 완성해 보세요.

탐구 활동

세종을 인터뷰해 보자

감성 활동

세종에게 공감하며 위인 카드를 만들어 보자

창의 활동

'만약 내가 세종이라면?' 상상해 보자

학습 목표

1. 세종의 삶에 사회성이 어떤 영향을 주었는지 설명할 수 있다.
2. 지도자의 입장이 되어 공약을 세울 수 있다.

주도성 활동

지도자가 된다면 하고 싶은 일을 떠올려 보자

향상 활동

대통령 선거 홍보물을 만들어 보자

이야기

세종과 월트, 마리아는 영화를 보러 갔다가 영화 속 괴물이 화면 밖으로 뛰쳐나오는 것을 보고 몹시 놀란다. 그리고 영화를 종료하려면 미션을 해결해야 한다는 것을 깨닫는다. 친구들은 괴물을 물리치기 위해 적극적으로 듣고, 이해하고, 대화하는 첫 번째 미션과 갈등을 알아보고 해결하는 두 번째 미션, 역할극과 다양한 관계 속에서 갈등을 해결하는 세 번째 미션까지 완수한다. 이제 친구들에게는 마지막 미션인 스페셜 미션만 남았다. 과연 친구들이 풀어야 할 스페셜 미션은 무엇일까? 친구들은 미션을 모두 해결해서 괴물을 없앨 수 있을까?

 대화 속으로

세종

이번 미션은 좀 어려운걸? 갈등을 해결하는 방법이 사람마다 다른 것 같아.

맞아. 우리는 갈등이 생겨도 잘 해결해서 20년 후에도 친하게 지내자!

월트

마리아

그래. 월트, 너는 미래 관계도에 나랑 세종이도 썼어?

당연하지! 너는 나 안 썼어?

월트

마리아

비밀! 우리 이제 마지막 미션만 해결하면 되는 거지?

뭐? 알려 줘~.

월트

세종

월트, 우리 마지막 미션을 해결하고 마리아의 관계도에 대해 다시 물어 보자. 마지막은 스페셜 미션이랬어.

대화를 나누는 세종과 월트, 마리아 뒤로 마스터 송이 뛰어온다.

여러분, 괜찮나요? 마스터 송

 마리아

네. 저희는 괜찮아요.

사람들은 지쳤는데, 괴물은 아직도 힘이 넘치네요. 더 이상 막기 쉽지 않겠어요. 미션은 어디까지 해결했나요? 마스터 송

 월트

이제 스페셜 미션만 남았어요.

다행이군요. 마스터 송

 세종

마스터 송, 스페셜 미션이 뭔지 아세요?

바로 위인 1명을 골라 자세히 알아보는 미션이에요. 위인의 삶을 탐구 하고 상상해 보는 일입니다. 마스터 송

 세종

위인의 삶이요?

위인이라면 자신의 꿈을 이룬 훌륭한 사람이겠네요. 기대되는걸요! 마리아

 마스터 송

맞아요. 자신의 꿈을 이룬 위인이 꿈을 이루는 과정에서 어떤 마음이었 는지 알아볼 겁니다.

이야기를 읽으면서 미션에 한발 더 다가가 보세요.

그렇군요. 어떤 위인을 알아보나요?
월트

마스터 송
우리가 알아볼 위인은 바로 여러분 중에 있습니다.

저희 중에요?
마리아

세종
저희가 위인이에요?

네. 이곳에 있는 친구들은 모두 꿈을 이루고, 뛰어난 업적을 세워 훌륭한 위인이 되지요.
마스터 송

세종
우아….

마스터 송이 가지고 있던 방패를 앞으로 꺼내서 친구들에게 보여 준다.

자, 이건 마법 방패입니다.
마스터 송

월트
앗, 방패에 괴물과 싸운 흔적이 있어요.

맞아요. 이 방패는 평상시에는 괴물을 막아 주고, 보석을 누르면 위인의 미래를 알아볼 수도 있어요. 방패로 친구들 중 1명의 미래를 만나볼까요?
마스터 송

모두
네!

마스터 송이 방패의 중앙에 있는 초록색 보석을 누르자, 방패가 화면으로 바뀐다. 그리고 방패에 세종, 월트, 마리아의 모습이 나타난다.

모두 방패를 자세히 보세요. 친구들 중 한 명을 가리킬 거예요.

마스터 송

세종
대체 누굴까?

정말 궁금해!

월트

방패의 화면이 친구들을 돌아가면서 보여 주더니, 화면이 빠르게 바뀌다가 멈추면서 세종의 얼굴을 비춘다.

마스터 송
바로 세종 대왕입니다.

우아, 정말 저예요?

세종

월트
똑똑하고 배려 깊은 세종이라면, 당연히 멋진 위인이 되겠지!

그런데 마스터 송, 저희가 어떻게 세종의 미래를 볼 수 있어요?

마리아

마스터 송
방패에 미션이 나타나 사회성을 높이는 활동으로 안내할 겁니다. 세종의 삶에 공감하고 자신을 탐구해 보세요.

네!

모두

마스터 송
미션을 잘 해결해 보세요. 저는 미션을 해결하면 만날 수 있습니다. 궁금하거나 어려운 일이 있으면, 큰 소리로 마스터 송을 부르세요.

이야기를 읽으면서 미션에 한발 더 다가가 보세요.

탐구 활동 세종을 인터뷰해 보자

세종을 인터뷰하고 있어요. 인터뷰를 읽고, 빈칸에 들어갈 대답을 이야기해 보세요.

안녕하세요, 세종 대왕님. 대왕님께서는 백성들을 위해 많은 일을 하셨는데요. 그중 훈민정음은 지금 우리가 쓰는 한글의 다른 말로, 오늘날까지 큰 도움이 되고 있습니다. 훈민정음은 어떤 글자인가요?

훈민정음은 목과 입, 혀와 같은 발음 기관의 모양을 따라 자음을 만들고 하늘과 땅, 사람의 모습을 기호로 표현해서 모음을 만들었습니다. 이렇게 훈민정음은 말소리를 그대로 옮긴 글자입니다.

말소리를 그대로 표현해서 처음 배운 사람도 쉽게 익힐 수 있었군요. 대왕님께서는 양반들의 반대에도 오랜 시간 연구한 끝에 훈민정음을 만드셨다고 들었는데요. 어떤 마음으로 훈민정음을 만드셨나요?

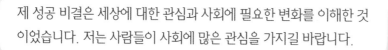

정말 대단하세요! 인터뷰 정말 감사드립니다. 마지막으로 대왕님의 성공 비결은 무엇이었는지 한마디 해 주십시오.

제 성공 비결은 세상에 대한 관심과 사회에 필요한 변화를 이해한 것이었습니다. 저는 사람들이 사회에 많은 관심을 가지길 바랍니다.

감성 활동 **세종에게 공감하며 위인 카드를 만들어 보자**

《who? 한국사 세종 대왕》에서 공감되는 문장을 찾아보고, 아래 빈칸에 그 문장을 써서 위인 카드를 완성해 보세요.

위의 문장을 고른 이유는 무엇인지 써 보세요

나의 사회성 미션 달성률(%) | 20% | 40% | 60% | 80% | 100%

세종은 집현전을 세워 함께 조선을 이끌어 갈 인재들을 모았어요. 아래와 같은 일을 했던 세종이 오늘날에 산다면, 어떤 일을 했을지 써 보세요.

세종은 함께 조선을 이끌어 갈 새로운 인물을 찾으려 했어요. 그리고 고려 때 세워졌으나, 잘 쓰지 않았던 집현전을 떠올렸지요. 세종은 집현전을 수리하고 학문을 연구할 학사를 뽑도록 지시했어요. 그리고 집현전 학사들의 역할을 나누어 조선을 위한 정책과 제도를 연구하게 했지요. 농사를 위한 책, 약재를 정리한 책 등 학사들의 연구 결과가 나오면서 집현전은 조선 최고의 인재들이 북적대는 곳이 되었어요. 그리고 이들은 이곳에서 백성들을 위한 정책을 만들어 냈지요.

아래와 같은 상황에서 내가 세종이라면 어떻게 했을지 써 보세요.

세종의 바람대로 장영실은 우리나라의 천문 관측기구인 '혼천의'를 개발했어요. 세종은 장영실에게 벼슬을 주어 궁중 기술자로서 많은 발명품을 만들 수 있게 했어요. 하지만 양반인 다른 관리들은 노비 출신인 장영실에게 높은 벼슬을 주는 것은 이치에 어긋나는 일이라며 반대했지요.

주도성 활동 **지도자가 된다면 하고 싶은 일을 떠올려 보자**

세종은 백성을 사랑으로 다스리는 지도자였어요. 내가 왕이나 대통령 같은 지도자가 된다면, 어떤 일을 하고 싶은지 *공약을 써 보세요.

공약 1	
이유	
실천 방법	

공약 2	
이유	
실천 방법	

공약 3	
이유	
실천 방법	

* 공약 : 선거에 나온 후보자들이 국민에게 실천할 것을 약속하는 일

내가 대통령 선거에 나간다면, 나를 어떻게 알릴지 선거 홍보물을 만들어 보세요.

나의 얼굴

공약

1.

2.

3.

기호 ◯ **번**   **이름**

미션 평가 미션을 잘 해결했는지 평가해 보자

스페셜 미션을 잘 해결했는지 스스로 평가해 보세요.

평가 문항	매우 아니다	아니다	그저 그렇다	그렇다	매우 그렇다
1. 세종의 사회성에 관해 설명할 수 있나요?					
2. 지도자의 입장에서 공약을 세울 수 있나요?					
3. 나를 알리는 선거 홍보물을 만들 수 있나요?					
4. 스페셜 미션에 흥미를 가지고 참여했나요?					
5. 스페셜 미션에 최선을 다하여 참여했나요?					

미션 완성 미션을 확인해 보자

활동을 모두 해결하면 스페셜 미션 칸에 미션 완성 도장을 찍어요! 활동을 모두 해결하지 못했으면, 그 활동으로 돌아가서 다시 학습해요.

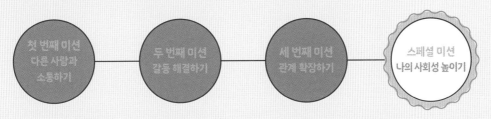

첫 번째 미션
다른 사람과 소통하기

두 번째 미션
갈등 해결하기

세 번째 미션
관계 확장하기

스페셜 미션
나의 사회성 높이기

세종과 월트, 마리아는 위인을 탐구하고 자신의 자생력을 생각해 보는 스페셜 미션을 마친다. 친구들이 미션을 모두 완수하자, 영화가 종료되고 동시에 괴물도 화면 속으로 빨려 들어가 사라진다. 세상에는 다시 평화가 찾아오고, 친구들은 안도의 숨을 내쉰다. 놀라운 일들만 벌어지는 위인 세계에는 앞으로 또 어떤 일이 일어날까?

※ E-CLIP 미션의 문제에는 여러 가지 답이 나올 수 있습니다. 본 미션 가이드는 참고용으로 활용하시길 바랍니다.
※ 교사용 개념과 지도 가이드가 포함된 교사용 PDF는 다산전인교육캠퍼스 홈페이지(www.dasaneducation.co.kr)에서 교사 인증 후 신청하실 수 있습니다.

1차시

22쪽
- (예시) **가족** : 엄마, 아빠, 오빠 / **친구** : 혜지, 정훈, 효빈 / **봉사 클럽** : 건우, 윤지 언니 / **축구 교실** : 감독님, 코치 선생님, 민준, 재효
- (예시) 혜지는 내 고민을 잘 들어 주고, 함께 떡볶이를 먹는 같은 반 친구이다. 서로 비밀이 없는 가장 친한 사이이다.

23쪽
- (예시) 1. 대회 준비를 다 하지 못해서 걱정이겠어. / 2. 영어 말하기 대회 준비를 미처 다하지 못한 것 같네. / 3. 준비가 안 되어 있다는 생각에 불안하고 괴롭겠다. / 4. 내일 영어 말하기 대회의 준비를 다 하지 못해서 불안하겠네.

24쪽
- (예시) 엄마만큼은 네 말을 믿어 주시길 바랐을 텐데, 그렇지 않아서 속상하겠어. / 네 행동이 다른 사람들에게 어리석게 보였을 것 같아 걱정되겠다. / 동생도 같이 잘못했는데 너만 혼나서 억울했겠네.

25쪽
- (예시) 재미있다, 즐겁다 / 아프다, 서럽다
- (길잡이) 다양한 감정을 표정으로 나타내면서, 표정, 몸짓, 눈짓 등으로도 감정을 알 수 있다는 것을 느껴 보세요.

26쪽
- (예시) **문제가 되는 행동** : 엄마께서 내가 아프다는 말을 믿으시지 않고 혼내셨다.
나에게 미치는 영향 : 몸이 아파도 엄마에게 말을 못하고 학원에 가야 한다.
나의 감정 : 억울하다, 섭섭하다, 불만스럽다
나 전달법 : 엄마, 저 정말 몸이 아파서 학원에 가기 힘든데, 꾀병이라고 혼내시니까 억울하고 섭섭해요.

2차시

34쪽
- (예시) **내가 생각하는 나** : 밝다, 긍정적이다, 활발하다, 다른 사람을 잘 이해한다 / **다른 사람이 생각하는 나** : 밝다, 활발하다, 가끔 다른 사람의 기분을 배려하지 않는다
- (예시) **공통점** : 밝다, 활발하다 / **차이점** : 나는 스스로 긍정적이고 다른 사람을 잘 이해한다고 생각했는데, 친구들은 내가 가끔 다른 사람의 기분을 배려하지 않는다고 말했다.

35쪽
- (예시) 캥거루 그림

- (예시) **나를 닮은 동물** : 강아지(비글) / **이유** : 활발해서 쉴 새 없이 돌아다니며 장난을 치는 모습이 비글인 우리 집 강아지와 닮았다고 한다.

36쪽
- (예시) 상대방의 행동 비난하기, 상대방이 말할 때 끼어들기
- (예시) 친구에게 장난을 치느라, 친구가 젓가락질을 똑바로 못할 때마다 놀렸다. / 친구의 이야기를 듣다가, 그 이야기와 관련된 나의 경험이 떠오르면 친구의 말을 끊고 내 말을 먼저 하곤 했다.

37쪽
- 해민
- (예시) 친구들의 말을 적극적으로 듣지 않았고, 자신이 아이스크림을 먹고 싶은 것인지 아닌지 솔직하고 분명하게 말하지 않았기 때문이다.

38쪽
- (예시) 1. 내가 민아에게 선생님께 많이 혼났는지 물어보자, 민아가 갑자기 화를 냈다.
2. 나의 마음을 알아주지 않고 무작정 화를 낸 민아에게 서운하다.
3. 선생님께 꾸중을 들어 속상하고 창피했을 것이다.
4. '선생님께 혼나서 많이 속상하겠다. 우리 수업 끝나고 아이스크림 먹으러 가자.'

3차시
46쪽
- 타협형

47쪽
- (예시) **지희** : 보라야, 나는 책이 젖어서 속상한데, 네가 별 거 아닌 일에 화낸다고 말하니까 좀 서운해
보라 : 내가 별일 아니라고 말해서 서운했구나. 젖은 책을 말려서 돌려주려고 했는데, 네가 갑자기 찾으러 와서 그렇게 말했나 봐.
지희 : 책을 말려서 돌려주려고 했는데, 나를 보고 당황했겠네.
보라 : 맞아. 당황해서 그랬어. 빌린 책을 젖게 하고, 너를 서운하게 말해서 정말 미안해.
지희 : 괜찮아. 이제 너의 마음이 이해된다. 우리 다음에도 이렇게 솔직하게 말하자.

48쪽
- (예시) 1. 보라가 지희의 수학책에 물을 쏟아서 책이 젖었다.
2. 지희와 보라는 서로의 감정과 생각을 솔직하게 이야기하고, 공감하면서 갈등 상황을 해결했다.
- (예시) **지희** : 보라야, 나는 책이 젖어서 속상한데, 네가 별 거 아닌 일에 화낸다고 말하니까 좀 서운해 → 나 전달법
보라 : 내가 별일 아니라고 말해서 서운했구나. → 적극적 듣기
지희 : 책을 말려서 돌려주려고 했는데, 나를 보고 당황했겠네. → 공감적 이해하기

49쪽
- (예시) **가족** : 엄마, 아빠, 오빠 / **친구** : 혜지, 정훈, 효빈 / **연극 동아리** : 민정 선배, 수지 선배, 하윤 후배 / **직장** : 작가, 조감독, 스태프들
- (예시) 우리 가족과 친한 친구 3명은 20년 후에도 여전히 친할 것이다. 20년 후에는 대학교 동아리에

서 만난 친한 선후배가 있을 것이고 미래에는 예능 PD가 되어서 직장으로 이어진 새로운 관계가 생길 것 같다.

50쪽
- (예시) 내가 겪고 있는 문제 : 친구들에게 장난을 치다가 자주 다툰다. / 관련 있는 사람 : 친구들 / 해결하지 못하는 이유 : 친구들을 재미있게 하는 행동과 기분을 상하게 하는 행동이 구분되지 않는다.
- (예시) 해결 방법 : 지금부터 다른 사람의 마음을 이해하는 연습을 해서 20년 후에는 장난을 치는 정도를 조절하고 배려할 수 있을 것이다. / 내가 바라는 관계 : 함께 놀면 즐거우면서도 서로의 기분을 상하게 하지 않는 관계를 바란다.

4차시
58쪽
- 저는 백성을 다스리고 지키는 지도자입니다. 백성들이 글을 몰라서 어려움을 겪지 않게 하기 위해 백성을 사랑하는 마음으로 만들었습니다.

59쪽
- (예시) 남을 너그럽게 받아들이는 사람은 항상 사람들의 마음을 얻고, 위엄과 무력으로 엄하게 다스리는 사람은 항상 사람들의 노여움을 사게 된다.
- (예시) 세종 대왕은 높은 자리에 올라서도 백성을 무력으로 엄하게 다스리지 않고 너그럽게 받아들이려고 했다는 점이 멋져서 이 문장을 선택했다.

60쪽
- (예시) 친환경 에너지 개발과 의료 기술 발전에 힘

썼을 것 같다.
- (예시) 아무리 노비 출신이라고 해도 능력이 있다면 벼슬을 주었을 것이다.

61쪽
- (예시) 공약 1 : 아이들의 안전을 보장하겠다. / 이유 : 맞벌이로 집에 혼자 있는 아이들이 많은데, 아동 범죄가 늘어나고 있어서 아이들을 지켜 주어야 하기 때문이다. / 실천 방법 : 아동 돌봄 교실을 8시까지 운영한다.
공약 2 : 출근과 등교를 없앨 것이다. / 이유 : 모두 집에서 활동한다면 시간을 효율적으로 쓸 수 있기 때문이다. / 실천 방법 : 모든 회사 일과 학교 활동을 집에서 할 수 있는 새로운 법을 만든다.
공약 3 : 로봇 시대를 열겠다. / 이유 : 로봇을 이용하면 힘들고 어려운 일도 대신할 수 있고, 모든 일이 편리해지기 때문이다. / 실천 방법 : 로봇 개발에 많은 돈을 지원한다.

62쪽
- (길잡이) 61쪽에 쓴 공약을 바탕으로 자유롭게 포스터를 꾸며 보세요.

세계 위인과 함께 해결하는 E-CLIP 미션 대탐험

학습 만화 《who?》의 세계 위인과 함께 미션을 해결하는
12권의 '감성적 창의 주도성' 향상 프로그램!

E-CLIP 구성

권	주제	각 권 대표 위인	이야기 속 위인
1	동기	알렉산더 플레밍	에이브러햄 링컨, 찰스 다윈, 레이철 카슨
2	인지	레이철 카슨	레오나르도 다빈치, 리처드 파인먼, 마리아 몬테소리
3	인지 심화	마리아 몬테소리	토머스 에디슨, 오리아나 팔라치, 루트비히 판 베토벤
4	동기 심화	루트비히 판 베토벤	마하트마 간디, 버지니아 울프, 정약용
5	몰입	정약용	하인리히 슐리만, 아멜리아 에어하트, 헬렌 켈러
6	자아존중감	헬렌 켈러	알베르트 슈바이처, 신사임당, 스티브 잡스
7	창의성	스티브 잡스	헬렌 켈러, 알렉산더 플레밍, 스티브 잡스
8	창의성 심화	알베르트 아인슈타인	스티브 잡스, 레이철 카슨, 알베르트 아인슈타인
9	감성	마더 테레사	알베르트 아인슈타인, 루트비히 판 베토벤, 마더 테레사
10	감성 심화	월트 디즈니	마더 테레사, 정약용, 월트 디즈니
11	사회성	세종 대왕	월트 디즈니, 마리아 몬테소리, 세종 대왕
12	사회성 심화	마하트마 간디	세종 대왕, 마하트마 간디

* E-CLIP / 대상 초등학교 전 학년 / 책 크기 200 X 260 / 각 권 쪽수 70쪽 내외
* who? / 대상 초등학교 전 학년 / 책 크기 188 X 255 / 각 권 쪽수 180쪽 내외